A ARTE DA PROCRASTINAÇÃO

JOHN PERRY

A ARTE DA PROCRASTINAÇÃO

COMO REALIZAR TAREFAS DEIXANDO-AS PARA DEPOIS

Tradução

MARCELO BARBÃO

paralela

A Editora Paralela é uma divisão da Editora Schwarcz S.A.

Grafia atualizada segundo o Acordo Ortográfico da Língua Portuguesa de 1990, que entrou em vigor no Brasil em 2009.

TÍTULO ORIGINAL The Art of Procrastination: A Guide to Effective Dawdling, Lollygagging and Postponing

CAPA estúdio insólito

PREPARAÇÃO Silvia Massimini Felix

REVISÃO Renato Potenza Rodrigues e Mariana Cruz

Dados Internacionais de Catalogação na Publicação (CIP)
(Câmara Brasileira do Livro, SP, Brasil)

Perry, John
A arte da procrastinação: como realizar tarefas deixando-as para depois / John Perry ; tradução Marcelo Barbão. — 1ª ed. — São Paulo : Paralela, 2014.

Título original: The Art of Procrastination: A Guide to Effective Dawdling, Lollygagging and Postponing.
ISBN 978-85-65530-67-5

1. Administração do tempo 2. Autorrealização (psicologia 3. Procrastinação I. Título.

14-04897 CDD-155.232

Índice para catálogo sistemático:
1. Procrastinação : Psicologia 155.232

2ª reimpressão

[2016]

EDITORA SCHWARCZ S.A.
Rua Bandeira Paulista, 702, cj. 32
04532-002 — São Paulo — SP
Telefone (11) 3707-3500
Fax (11) 3707-3501
www.editoraparalela.com.br
atendimentoaoleitor@editoraparalela.com.br

Para Frenchie, que é muito paciente (às vezes)

Nunca deixe para amanhã o que você pode fazer depois de amanhã.

MARK TWAIN

Agradecimentos

Dois amigos falecidos — o grande escritor Tony Burciaga e Bob Beyers, também um ótimo escritor e por muito tempo chefe do *Stanford News Service* — foram os primeiros a sugerir que eu deveria publicar o ensaio "Procrastinação estruturada". De alguma forma, Beyers convenceu o jornal *The Chronicle of Higher Education* a fazê-lo em 1996. Marc Abrahams, o gênio por trás dos *Annals of Improbable Research*, reproduziu o ensaio na revista pouco tempo depois. Anos mais tarde, em 2011, fui premiado com uma das invenções de Abrahams, o Prêmio IgNobel de Literatura. Deborah Wilkes, da editora *Hackett Publications*, que há anos tem sofrido com minhas procrastinações, recebeu o prêmio por mim na cerimônia do IgNobel em Harvard, pois não pude comparecer. Participar desse evento maluco exigiu bom humor e coragem de Deborah, apesar de eu achar que ela não sabia disso quando concordou em ir. Entre 1996 e 2011, Erin Perry, uma das minhas netas, cresceu, aprendeu tudo sobre a internet e criou um site para esse ensaio e alguns outros. O feito de Erin gerou muitas respostas interessantes dos leitores. Alguns de meus amigos me diziam que todo o material poderia se transformar num pequeno livro, mas não levei a sugestão em frente até ouvir uma proposta de Barney Karpfinger, agora meu agente literário, que tinha lido sobre o Prêmio IgNobel. Sou muito grato a todas essas pessoas, e à minha editora, Margot Herrera, e seus colegas na Workman Publishing, com quem gostei muito de trabalhar. Sei que aturar meus momentos de procrastinação foi difícil para minha família — principalmente para minha adorável esposa, Frenchie —, mas tudo tem sido levado numa boa.

Sumário

INTRODUÇÃO

O paradoxo da procrastinação

Os seres humanos são animais racionais por natureza. Nossa habilidade de raciocinar supostamente nos separa de outros animais, então a sensação é de que devemos ser incrivelmente razoáveis e basear cada ação em deliberações profundas, fazendo o melhor possível de acordo com elas. Platão e Aristóteles se ativeram tanto a esse ideal que encontraram um paradoxo filosófico no nosso fracasso para alcançá-lo: *akrasia*, o mistério de por que as pessoas preferem fazer algo diferente do que pensam ser o melhor para elas.

Essa imagem de humanos como seres racionais que baseiam suas ações em deliberações e cálculos sobre o que é melhor perdura até hoje, desde que foi articulada na Antiguidade. As ciências sociais matemáticas, como a economia, se fundamentam na concepção do ser humano como animal racional que faz escolhas com base em qual ação é mais provável de promover seus desejos fundamentais. Isso é bastante estranho, já que muitas das outras ciências sociais, incluindo a psicologia e a sociologia, fornecem muitas provas de que não funcionamos assim.

Eu realmente não tenho nada contra a racionalidade, nem contra fazer o que você acha que é melhor, ou fazer o que tem maior probabilidade de satisfazer seus desejos. Tentei essas estratégias várias vezes, ocasionalmente com bons resultados. Mas acho que procurar atingir o ideal do agente racional é fonte de muita infelicidade desnecessária. Não é a forma como muitos de nós funcionamos; certamente não é a minha. E trabalhar da maneira como normalmente fazemos dá certo, e realmente isso não é motivo para baixar a cabeça ou sentir vergonha e desespero.

Meu fracasso mais sério, em termos desse ideal, é a procrastinação. Em 1995, por não trabalhar em algum projeto ao qual deveria estar me dedicando, comecei a me sentir mal. Mas aí notei algo. No geral, eu tinha a reputação de alguém que fazia muitas coisas e contribuía de forma razoável com a Universidade de Stanford, onde eu trabalhava, e com a disciplina de filosofia, que era meu campo de ensino. Um paradoxo. Em vez de conseguir trabalhar nos meus projetos importantes, comecei a pensar nesse enigma. Entendi que eu mesmo era o que chamei de *procrastinador estruturado*: uma pessoa que faz muito ao não fazer outras coisas. Escrevi o pequeno ensaio que é o primeiro capítulo deste livro e imediatamente comecei a me sentir melhor comigo mesmo.

Esse ensaio foi subsequentemente publicado no jornal *The Chronicle of Higher Education* e na revista científica de humor *Annals of Improbable Research*, e foi postado na minha página da internet em Stanford. Mas eu sou um filósofo profissional, por mais estranho que isso possa parecer à maioria das pessoas. Escrevi muitos artigos e meia dúzia de livros. Esses artigos e livros, na minha humilde opinião, estão cheios de ideias importantes, sabedoria profunda e análises inteligentes, que ajudam a avançar nossa compreensão sobre várias coisas interessantes — do livre-arbítrio à identidade pessoal e à natureza dos sentidos. Meus pais já morreram, então posso ser o único que acha meu trabalho em filosofia tão importante. Mas, pelo fato de ter entrado em Stanford pela porta de trás, como professor — sem nunca ter sido admitido como estudante de graduação ou pós-graduação —, meu trabalho foi suficiente para me manter empregado. Então posso pensar que os trabalhos que escrevi não são uma besteira completa.

Seja como for, nada do que escrevi foi lido por tantas pessoas, nem foi muito útil a tanta gente — pelo menos de acordo com seus testemunhos — e brilhou por tantos dias como meu pequeno ensaio sobre procrastinação estruturada. Durante muitos anos, esse artigo era o primeiro que aparecia quando alguém procurava no Google por *procrastinação* em inglês. Depois que o transferi da minha página em Stanford para um site particular (www.structuredprocrastination.com) — assim eu poderia vender camisetas com a frase STRUCTURED PROCRASTINATION —, ele caiu no ranking, depois voltou a subir, e atualmente não está muito abaixo do artigo sobre procrastinação na Wikipédia. Todo mês recebo uma dezena de e-mails de leitores. Praticamente todos são positivos, e alguns dizem que o ensaio teve um considerável impacto sobre eles. Aqui está um exemplo:

> Caro John,
> Seu ensaio sobre procrastinação estruturada acabou de mudar minha vida. Eu já me sinto melhor comigo mesmo. Realizei milhares de tarefas nos últimos meses, enquanto me sentia terrível com o fato de que não eram as realmente importantes que estavam no alto da lista de prioridades. Mas agora começo a perceber que as nuvens escuras de culpa e vergonha acima de mim estão se dissipando... Obrigado.

Meu e-mail favorito é o de uma mulher que falou que tinha sido uma procrastinadora durante toda a vida. Ser uma procrastinadora a deixava triste, contou, em boa parte porque seu irmão sempre a criticava por ter essa falha de caráter. Ler meu ensaio, ela continuava, permitiu que ela levantasse a cabeça e percebesse que era um ser humano valioso que realizava muitas coisas, apesar de ser uma procrastinadora. Depois da leitura, pela primeira vez na vida, teve a coragem de mandar seu irmão calar a boca e cair fora. "Por falar nisso", ela acrescentou, "tenho 72 anos."

Com o passar dos anos, eu quis aumentar o ensaio, apesar de que, como era característico, fiquei adiando essa tarefa. Aos poucos, a partir dos e-mails que recebia, de introspecção e de algumas leituras, percebi que compreender o conceito de procrastinação estruturada é somente o primeiro passo de um programa que talvez possa ajudar a grande maioria dos procrastinadores, como me ajudou. O mais estranho é que depois que descobrimos que somos procrastinadores estruturados, não só nos sentimos melhor, mas também aprimoramos um pouco nossa capacidade de realizar coisas, porque quando o miasma da culpa e do desespero desaparece, temos uma compreensão melhor do que nos impede de fazer essas tarefas.

Então este livro apresenta um tipo de programa de autoajuda filosófico para procrastinadores deprimidos. A verdade deve ser dita: chamá-lo de programa é um pouco generoso. O livro começa com alguns passos úteis que os procrastinadores podem tomar. Depois disso, oferece algumas ideias, histórias e sugestões que talvez sejam benéficas. Também falo um pouco sobre os problemas organizativos que importunam muitos procrastinadores.

Nem todas as pessoas são procrastinadores, e nem todos os procrastinadores serão ajudados ao reconhecer a estratégia da procrastinação estruturada, porque procrastinação às vezes é uma manifestação de problemas mais profundos que exigem mais terapia do que a vã filosofia pode fornecer. Mesmo assim, se a caixa de entrada do meu e-mail for algum guia, muitas pessoas vão se encontrar nestas páginas e, como resultado, se sentirão melhores consigo mesmas. Sem mencionar o bônus de que vão encontrar alguns bons conceitos e palavras para usar, como *akrasia*, *organização horizontal*, *triagem de tarefas* e *desordem do déficit de parênteses de fechamento*. E algumas dessas pessoas podem até realizar mais coisas.

1. Procrastinação estruturada

Quero escrever este ensaio há meses. Por que finalmente estou fazendo isso? Finalmente encontrei algum tempo livre? Errado. Tenho trabalhos para corrigir, pedidos de livros para preencher, uma proposta da National Science Foundation para fazer uma avaliação e rascunhos de dissertações para ler. Estou trabalhando neste ensaio como uma forma de não fazer todas aquelas outras coisas. Essa é a essência do que chamo *procrastinação estruturada*, uma incrível estratégia descoberta por mim que converte procrastinadores em seres humanos eficientes, respeitados e admirados por tudo que realizam e pelo bom uso que fazem do seu tempo.

(Talvez o mais correto seja dizer que redescobri isso. Em 1930, Robert Benchley escreveu uma coluna para o jornal *Chicago Tribune* intitulada "How to Get Things Done", na qual afirmou que "qualquer um consegue fazer qualquer quantidade de trabalho, quando não *deveria* estar fazendo isso naquele momento". Como essa citação mostra, Benchley captou o princípio fundamental — e suponho que outros pensadores profundos que foram procrastinadores estruturados como ele também notaram a mesma coisa. Algum dia farei uma pesquisa mais profunda.)

Todos os procrastinadores adiam as coisas que precisam fazer. A procrastinação estruturada é a arte de fazer esse traço negativo trabalhar por você. A ideia central é que a procrastinação não significa que você não vai fazer absolutamente nada. Procrastinadores raramente não fazem absolutamente nada; eles fazem coisas marginalmente úteis, como jardinagem, apontar lápis ou criar um diagrama de como vão reorganizar seus arquivos quando se decidirem a iniciar. Por que o procrastinador faz essas coisas? Porque são uma forma de não fazer algo mais importante. Se tudo que o procrastinador tivesse de fazer fosse apontar lápis, nenhuma força na Terra o obrigaria a fazer isso. O procrastinador pode ser motivado a fazer tarefas difíceis, convenientes e importantes, desde que essas tarefas sejam uma forma de não fazer algo ainda mais importante.

A procrastinação estruturada significa moldar a estrutura das tarefas que alguém precisa fazer de uma forma que se explore esse fato. Na sua mente, ou talvez até escrito em algum lugar, você tem uma lista de coisas que quer realizar, ordenada por importância. Você até poderia chamá-la de sua lista de prioridades. Tarefas que parecem mais urgentes e importantes estão no topo. Mas há também tarefas que valem a pena ser realizadas. Fazer essas tarefas se torna uma forma de não fazer as coisas que estão mais no alto da lista. Com esse tipo de estrutura de tarefas apropriada, o procrastinador se torna um cidadão útil. Na verdade, o procrastinador pode até adquirir, como eu, uma ótima reputação por ter realizado muitas coisas.

A situação mais perfeita para a procrastinação estruturada que já vivenciei foi quando minha esposa e eu fomos professores convidados na Soto House, um dormitório de Stanford. À noite, com trabalhos para escrever, palestras para preparar, trabalho de comitês para decidir, eu deixava nossa casinha perto do dormitório e ia até a sala dos estudantes, jogava pingue-pongue com os residentes ou ficava conversando com eles nos seus quartos, ou simplesmente me sentava ali e lia o jornal. Tinha a reputação de ser um residente incrível e um dos raros professores no campus que passava algum tempo com os estudantes para conhecê-los melhor. Que conquista: jogar pingue-pongue como forma de não fazer coisas mais importantes e ganhar a reputação de ser um professor excelente.

Em geral, procrastinadores seguem exatamente um caminho que não é reto. Tentam minimizar seus compromissos, supondo que, se tiverem poucas coisas para fazer, vão deixar de procrastinar e fazer tudo. Mas isso vai na direção contrária da natureza básica do procrastinador e destrói sua mais importante fonte de motivação. As poucas tarefas na sua lista serão, por definição, as mais importantes e a única forma de evitá-las será não fazer nada. Essa é uma maneira de se tornar uma batata sentada no sofá, não um ser humano eficiente.

A essa altura, você pode estar se perguntando: "E as tarefas importantes no alto da lista que nunca são realizadas?". Certamente há um problema potencial aqui.

O truque é pegar o tipo certo de projetos para pôr no alto da lista. A espécie ideal de tarefas tem duas características. Primeiro, elas parecem ter prazos claros (mas realmente não é assim). Segundo, parecem incrivelmente importantes (mas realmente não são). Felizmente, a vida está cheia de tarefas assim. Nas universidades, a grande maioria das tarefas entra nessa categoria, e tenho certeza de que o mesmo é verdade para a maioria das outras grandes instituições. Peguemos, por exemplo, o item no topo da minha lista: terminar um ensaio para um volume sobre filosofia da linguagem. Ele devia estar pronto há onze meses. Realizei um número enorme de coisas importantes para não trabalhar nele. Há alguns meses, tomado pela culpa, escrevi uma carta ao editor dizendo que sentia muito por estar tão atrasado e expressando minhas boas intenções de concluir o trabalho. Escrever a carta foi, é claro, uma forma de não trabalhar no artigo. Acontece que eu não estava muito mais atrasado do que todos os outros ensaístas. E qual a importância deste artigo? Não tão importante a ponto de nada mais importante aparecer. Então eu trabalharei nele.

Outro exemplo são formulários de pedidos de livros. Eu os escrevo em junho. Em outubro, vou dar uma aula de epistemologia. Os formulários já estão atrasados para as livrarias.

É fácil ver que essa é uma tarefa importante com um prazo urgente. (Para os não procrastinadores, devo explicar que os prazos realmente começam a se tornar urgentes uma ou duas semanas depois de serem ultrapassados.) Recebo lembretes quase diários da secretária do departamento; os estudantes às vezes me perguntam o que terão de ler; e os formulários vazios ficam bem no centro da minha mesa, embaixo do saco de batatas fritas vazio. Essa tarefa está quase no topo da minha lista; ela me incomoda e me motiva a fazer outras coisas úteis, mas superficialmente menos importantes. No entanto, a livraria já está bem ocupada com formulários preenchidos por não procrastinadores. Se eu enviar o meu no meio do verão, as coisas correrão bem. Sei que vou pedir livros bem conhecidos de editoras eficientes; sempre faço isso. E sem dúvida vou aceitar alguma outra tarefa, aparentemente mais importante, em algum momento entre agora e, digamos, o começo de agosto, em cujo ponto minha psique vai se sentir confortável em preencher os formulários como uma forma de não fazer essa nova tarefa.

O leitor observador pode sentir neste ponto que a procrastinação estruturada exige certa quantidade de autoengano, porque na verdade estamos constantemente realizando um esquema de pirâmide sobre nós mesmos. Exato. Precisamos ser capazes de reconhecer e nos comprometer com essas tarefas aumentando a importância e os prazos irreais, assim sentimos que elas são necessárias e urgentes. Esse não é o problema, porque quase todos os procrastinadores têm excelentes habilidades para o autoengano. E o que poderia ser mais nobre do que usar um defeito de caráter para superar os efeitos negativos de outro?

2. Procrastinação e perfeccionismo

Agora que você leu o primeiro capítulo, se tudo estiver indo de acordo com o plano, percebeu que apesar de ser um procrastinador, é um procrastinador estruturado que realiza muitos trabalhos valiosos. Então você parou de se desprezar. Ainda pode imaginar se há alguma forma de se tornar menos procrastinador. Nos próximos capítulos, vou desenvolver algumas poucas ideias que podem ser aplicadas e acabar se tornando úteis à sua situação.

Recebi um e-mail interessante e perspicaz de alguém que leu sobre a procrastinação estruturada. Essa mulher, a quem vou chamar de srta. Imelda, é dona de uma empresa de equipamentos fetichistas de couro e está escrevendo um romance. Ela diz:

Queria agradecer pelo seu artigo. Meu noivo e eu somos, os dois, procrastinadores. Ele enviou seu artigo para mim e não consegui acreditar como estava familiarizada com as coisas que você escreveu.

Já senti tanta culpa e tortura emocional por causa da minha incapacidade de seguir meus muitos projetos ou, na verdade, minha escolha de não seguir, porque sei que sou totalmente capaz de seguir e completar meus projetos, mas por alguma razão prefiro não fazer isso. Associei isso a meu medo de fracasso, sabendo que não terei de enfrentar a rejeição e o fracasso se não completar o projeto que estará sujeito ao intenso escrutínio do meu próprio julgamento pessoal. Sendo perfeccionista, passar pelo meu autoexame é uma das questões mais difíceis que enfrento.

Tenho uma trilogia de romances sem terminar, uma pequena empresa de aparelhos fetichistas feitos de couro com pedidos não enviados, um álbum demo para ser gravado, uma *graphic novel*, numerosos quadros e esboços para terminar. Consigo fazer coisas como arrumar e limpar meus pincéis, organizar o espaço no meu computador para guardar meus projetos musicais que nunca começam, ajeitar meus capítulos e fazer muitos resumos sobre meus personagens e o enredo porque tudo isso me faz sentir como se estivesse me aproximando do trabalho verdadeiro sobre essas coisas. Até tentei escrever para possíveis bandas anunciando que estou trabalhando em minha demo, para de alguma forma criar um objetivo para mim mesma, uma data real para terminar. Quando elas respondiam, animadas por mim e com vontade de ouvir a demo, isso só amplificava meu medo de começar e da subsequente rejeição.

Sou uma procrastinadora tão profunda que me recuso a me comprometer com outras pessoas em projetos, sabendo que vou desapontá-las. Isso me limita a desapontar a mim mesma com os constantes desvios que tenho, só trabalhando em atividades menos necessárias. Seu artigo é tão parecido com o modo como faço as coisas... Fiquei chocada, até perplexa, que outras pessoas também fizessem isso. Isso me trouxe autocompreensão de uma forma que ninguém antes tinha feito na área de automotivação.

Muito obrigada.

Imelda

A srta. Imelda é uma procrastinadora perspicaz porque percebe que é uma perfeccionista. Mas o que vem primeiro — a procrastinação ou o perfeccionismo? Acho que o perfeccionismo leva à procrastinação. Demorei para ver a conexão entre os dois, porque não me vejo como perfeccionista. Muitos procrastinadores não percebem que são perfeccionistas, pela simples razão de que nunca fizemos nada com perfeição, não chegamos nem perto disso. Nunca nos disseram que algo que fizemos era perfeito, nem sentimos que algo que fizemos era perfeito. Pensamos, quase sempre equivocadamente, que ser um perfeccionista implica, geralmente ou às vezes (ou pelo menos uma vez), ter completado alguma tarefa com perfeição. Mas esse é um erro da dinâmica básica do perfeccionismo.

Perfeccionismo do tipo que estou falando é uma questão fantasiosa. No meu caso, funciona assim: alguém quer que eu faça algo — talvez uma editora queira que eu julgue um manuscrito que foi apresentado, o que envolve dar uma opinião se vale a pena publicá-lo e, se valer, como ele poderia ser melhorado. Eu aceito a tarefa, provavelmente porque a editora me oferece vários livros como pagamento, que eu suponho equivocadamente que preciso ter e que vou ler.

Imediatamente minha vida de fantasia ganha vida. Eu me imagino escrevendo o melhor parecer do mundo; me imagino lendo com profundidade o manuscrito e escrevendo uma avaliação que ajuda o autor a melhorar muito seus esforços. Imagino a editora recebendo meu trabalho e dizendo: "Uau, é a melhor avaliação que já li". Imagino que minha análise é totalmente precisa, completamente justa, incrivelmente útil tanto ao autor quanto à editora.

Por que tenho tais fantasias? Só Deus sabe.

Ou talvez meu psicólogo. Talvez meu pai não tenha me elogiado o suficiente quando eu era criança. Ou talvez ele tenha me enchido de elogios quando uma vez, sem dúvida de forma acidental, eu realizei alguma tarefa extremamente bem. Talvez tais fantasias sejam genéticas. Mas isso é, no máximo, apenas um programa prático de vários passos, não uma proposta de psicoterapia. (O primeiro passo é ler o capítulo anterior, "Procrastinação estruturada". Este é o segundo passo. Se eu descobrir mais passos, eles estarão nos capítulos seguintes.) Então, não se preocupe em saber quais os motivos por que eu ou você temos essas fantasias. A questão é que se você é um procrastinador, do tipo que varia muito, algo assim provavelmente passa pela sua mente.

Isso é perfeccionismo no sentido relevante. Não tem nada a ver com realmente fazer algo que é perfeito ou mesmo que chega perto da perfeição. É uma questão de usar tarefas que você aceita para alimentar sua fantasia de fazer as coisas com perfeição ou, em todo caso, extremamente bem.

Como essa fantasia de perfeição alimenta a procrastinação? Bem, não é tão fácil fazer as coisas com perfeição. (Pelo menos eu suponho que não seja. Talvez algum dia eu faça algo perfeito, e então vou saber com certeza.) No geral, alguém precisa de tempo. E do cenário apropriado. Claramente, no caso do manuscrito a ser avaliado, preciso lê-lo com cuidado. Isso vai tomar algumas horas. Quero ir além do próprio manuscrito e ler algum material que o autor cita, para ter certeza de que ele é preciso e correto no que está falando. Li resenhas de livros de filósofos que admiro e eles obviamente fazem isso. É muito impressionante. Preciso ir até a biblioteca para fazer a tarefa de forma apropriada. Na verdade, no mundo de hoje, ninguém precisa ir até a biblioteca. Pode-se encontrar muita coisa na internet. Se souber como achar. Infelizmente, eu não sei como. Sei que há uma coisa chamada JSTOR que permite o acesso a muitas revistas acadêmicas on-line. Se eu estiver trabalhando em Stanford, é possível acessá-la através da biblioteca. Mas seria ótimo poder acessar de casa. Posso querer trabalhar até tarde da noite nessa leitura. Para acessar o JSTOR em casa, você precisa montar algo chamado servidor proxy. É melhor descobrir como fazer isso.

Algumas horas depois terminei de montar o servidor proxy. O mais provável é que tenha terminado porque desisti. Sempre que acho que a coisa está pronta, ela não funciona direito ou minha tela fica em branco. Mas vamos supor que terminei porque realmente consegui fazer o servidor proxy funcionar. Uma coisa que não terei feito é começar a leitura. Terei gasto tempo suficiente que poderia ter sido usado para uma leitura rápida e para formar uma opinião, mas não terei feito nada disso, nem mesmo começado. Vou me sentir um idiota e com razão.

Então o que acontece? Vou fazer outras coisas. O mais provável é que o manuscrito desapareça aos poucos sob memorandos, cartas, o saquinho vazio de batatas fritas, pilhas de arquivos e outras coisas que se acumulam em minha mesa. (Veja o capítulo sobre organização horizontal, p. 73.) Então, em umas seis semanas, recebo um e-mail da editora, perguntando quando ela pode esperar o parecer. Talvez, caso ela já me conheça, esse e-mail chegue um pouco antes do que eu prometi. Se não conhecer, vai chegar alguns dias depois do prazo final.

Agora, finalmente, eu entro em ação. Minha estrutura de fantasia muda. Não me vejo mais escrevendo o melhor relatório de avaliação do mundo. Imagino alguma mulher no escritório de Nova York da Oxford University Press. Eu a imagino de mãos vazias, indo para a reunião editorial, onde a aguardam com uma avaliação do manuscrito. "Desculpe", ela fala ao seu chefe. "Contei com esse cara de Stanford, mas ele não me entregou o parecer." "Chega", diz seu chefe. "Você está demitida." "Mas tenho três crianças pequenas, meu marido está no hospital e a hipoteca está atrasada", ela fala. "Desculpe", ele responde. "Tenho uma empresa a dirigir." Imagino-me encontrando essa mulher; ela me lança um olhar fulminante. "Você me fez perder o emprego", conta.

E também há o autor. Talvez ele não consiga um emprego estável na universidade porque o livro não foi aceito. Provavelmente é um ótimo livro, uma obra-prima que está aí parada na minha mesa enquanto a decisão do emprego dele está sendo tomada. Talvez algum dia todo o mundo da filosofia saiba que essa pessoa teve sua estabilidade negada porque John Perry não leu seu manuscrito — como os editores das revistas de física que recusaram os primeiros manuscritos de Einstein. (Não tenho certeza se isso realmente aconteceu — quis procurar, mas não cheguei a fazer isso.)

Nesse ponto, eu me enfio no meio dos arquivos, das revistas e da correspondência fechada na minha mesa e depois de um momento de pânico — será que perdi o manuscrito? Terei de pedir à editora outra cópia? Deveria mentir e falar que achava que tinha mandado o manuscrito de volta pelo correio com a resenha, mas talvez estivesse naquela pasta que o ladrão me roubou? — eu o encontro. Levo poucas horas, leio, escrevo um relatório perfeitamente adequado e depois o envio.

Agora, vamos analisar o que aconteceu. Primeiro de tudo, vamos notar que, pelo fato de eu ser um procrastinador estruturado, usei o relatório de avaliação como uma forma de fazer várias outras coisas. Por exemplo, talvez eu tenha montado aquele servidor proxy. Um colega me diz, lamentando: "Gostaria de acessar JSTOR de casa, mas não tenho o servidor proxy montado". "Oh", exclamo alegre, "montei o meu há algumas semanas. Funciona muito bem." "Como você encontrou tempo para isso?", ele pergunta admirado. Não respondo, mas faço uma cara complacente.

Além do mais, procrastinar era uma maneira de me dar permissão para fazer de forma não tão perfeita tarefas que não exigiam um trabalho perfeito. Em teoria, enquanto o prazo final estava distante, eu tinha muito tempo para ir até a biblioteca ou me preparar para uma longa noite em casa e fazer uma avaliação completa, acadêmica e perfeita deste livro. Mas quando o prazo se aproximou não havia mais tempo para fazer um trabalho perfeito. Eu só tinha de me sentar e fazer um trabalho imperfeito, mas adequado. As fantasias de perfeição foram substituídas pelas fantasias de fracasso total. Então finalmente comecei a trabalhar no parecer.

No final, as coisas saíram bem. Eu terminei a tarefa, não me atrasei muito, a editora não foi demitida, o livro foi aceito ou não, o autor ganhou sua estabilidade ou não. É verdade, o relatório não estava perfeito, mas estava bom o suficiente. Então a procrastinação estruturada parece estar funcionando.

Mesmo assim, não dá para melhorar? Não podemos evitar o tumulto emocional e a perda de tempo de todo mundo aos quais somos levados por essas fantasias perfeccionistas? Seria bem mais simples para mim, para a editora e o autor, se eu tivesse me sentado e passado quatro ou cinco horas sobre o manuscrito logo de cara. Se eu tivesse me permitido fazer um trabalho imperfeito desde o início. Há algo que podemos fazer sobre isso?

Bem, acho que há, mas exige um pouco de autodisciplina. Não muita. O que alguém precisa fazer para controlar as próprias fantasias perfeccionistas é o que chamo de triagem de tarefa. *Triagem* basicamente significa separar de acordo com a urgência; seu uso mais comum acontece no contexto de decisões tomadas pelos primeiros médicos a chegar em guerras, desastres naturais e salas de emergência lotadas. Eles precisam decidir quais vítimas são irremediáveis, quais podem sobreviver se receberem tratamento imediato, e quais podem ser confortadas e tratadas depois. As decisões que estou falando realmente não são dessa natureza, mas gosto da sonoridade da expressão "triagem de tarefas". Talvez possamos pensar em desistir de tarefas como se estivéssemos deixando que morressem. Algumas podem razoavelmente ser deixadas para mais tarde. Mas para muitas tarefas, funcionará melhor se você começar com elas, planejando um trabalho adequado — talvez até um pouco melhor que adequado — mas nada perfeito.

Você precisa conquistar o hábito de se forçar a analisar, no momento em que aceita uma tarefa, os custos e benefícios de fazer um trabalho não tão perfeito. Precisamos examinar algumas questões: quão útil seria um trabalho perfeito aqui? Quão útil seria um trabalho meramente adequado? Ou até um trabalho incompleto? E você precisa se perguntar: qual é a probabilidade de que eu realmente vá fazer algo remotamente perto de um trabalho perfeito nesse caso? E: qual diferença vai fazer para mim e para outras pessoas se for perfeito ou não?

Geralmente a resposta será que um trabalho não tão perfeito funciona bem e, além do mais, é exatamente o que eu vou fazer, de todas as formas. Então eu me permito fazer um trabalho não tão perfeito agora, em vez de esperar até que a tarefa esteja atrasada. O que significa que posso também realizá-la agora. (Ou, pelo menos, começar amanhã.)

3. Listas de tarefas

Se você é um procrastinador estruturado, provavelmente tem na cabeça, ou talvez até tenha escrito em algum lugar, as coisas que deveria realizar nos próximos dias, semanas, meses e talvez até anos. E no topo, motivando-o a fazer coisas aparentemente menos importantes, haverá algo que parece de importância superior, mas na verdade, por uma razão ou outra, não é tão crucial. Isso é o que vou chamar de sua lista de prioridades. É uma lista de longo prazo; os projetos nela vão deixá-lo ocupado por um dia, uma semana, um mês ou até mais, talvez toda a sua vida, se tiver algo como "aprender chinês" no alto da lista.

Este capítulo fala de uma lista diferente: uma lista de tarefas diárias. Muitos procrastinadores usam uma lista assim. Você poderia pensar no propósito de uma lista de tarefa para lembrá-lo do que fazer. E pode ser útil dessa forma. Mas esse não é seu objetivo principal. A função principal da lista de tarefas diária é dar ao procrastinador a experiência de riscar tarefas quando são terminadas. Fazer uma marca ao lado do item, ou riscá-la de uma forma floreada, nos dá um pequeno impulso psicológico. Ajuda a pensar em nós mesmos como realizadores, conquistadores — e não lerdos preguiçosos. Isso nos dá ímpeto psicológico.

Você pode usar seu computador para fazer sua lista de tarefas. Na verdade, vários programas e sites — por exemplo, Outlook, Gmail e LazyMeter.com — vão gerar ótimas listas para você. Mas eles não são ótimos porque normalmente a tarefa simplesmente desaparece quando você a risca. Seria muito mais satisfatório se um grande risco vermelho fosse feito sobre a tarefa, acompanhado de um ruído de triunfo, mas não encontrei nenhum programa que fizesse isso.

Tento fazer uma lista de tarefas antes de ir para a cama e depois a deixo ao lado do despertador. Começa assim:

1. DESLIGAR O ALARME
2. NÃO APERTAR O BOTÃO "SONECA"
3. SAIR DA CAMA
4. IR AO BANHEIRO
5. NÃO VOLTAR PARA A CAMA
6. DESCER
7. FAZER CAFÉ

Quando me sento para tomar minha primeira xícara de café, já posso riscar sete itens. Isso faz com que eu me sinta bem. Meu dia de realizações está começando de forma impressionante. Não preciso de lembretes para fazer essas coisas. Mas preciso de um pequeno tapinha nas costas por realizá-las. A única forma provável de conseguir esse tapinha é ter uma lista de tarefas, então posso riscar os itens completados.

O sistema de dividir tarefas em pequenos incrementos e receber um bom tapa nas costas por conseguir realizar cada uma delas possui sólidas credenciais. O *Tao Te Ching* nos manda "realizar a grande tarefa através de uma série de pequenos atos". Encontrei uma citação num livro de Robert Maurer, *Um pequeno passo pode mudar sua vida*, sobre o Kaizen, que é uma filosofia japonesa de melhorias contínuas através de pequenos passos implementáveis. Se você falar que está adotando o método Kaizen, em vez de dizer simplesmente que está tentando procrastinar menos, vai parecer que adotou um regime de artes marciais. Isso é bem legal.

Dividir grandes tarefas intimidadoras em partes menores e menos assustadoras é crucial nas ocasiões — raras, mas terríveis — em que o sistema de procrastinação estruturada desmorona. Por uma ou outra razão, aquela grande tarefa, que ao não ser realizada motiva a conclusão de várias outras coisas, agora deve ser feita de uma vez por todas. Aqui está a história que a romancista Anne Lamott conta em seu livro para escritores, *Palavra por palavra*.

> *Há trinta anos meu irmão mais velho, que tinha uns dez anos na época, estava tentando escrever um trabalho escolar sobre pássaros. Ele*

tinha tido três meses para fazer essa tarefa e a data final era o dia seguinte... Estava na mesa da cozinha prestes a chorar, cercado por um fichário e vários lápis, além de livros fechados sobre pássaros, imobilizado pelo tamanho da tarefa que deveria realizar. Então meu pai se sentou ao lado dele, pôs o braço sobre o ombro do meu irmão e falou: "Pássaro por pássaro, rapaz. Pegue um pássaro por vez".

As tarefas podem ser grandes ou pequenas, incomuns ou itens que se repetem todo dia; divida-as em subtarefas menores, menos exigentes. Trabalhe pássaro por pássaro. Ou asa por asa, se for necessário. Isso fará com que sua lista de tarefas seja bem detalhada. Tarefas fáceis no começo ajudarão a fazer com que a sensação de realização continue fluindo. A lista deveria incluir o que não fazer junto com o que fazer. Por exemplo:

8. TOMAR UMA SEGUNDA XÍCARA DE CAFÉ

9. SENTAR-SE NA MESA, NÃO NO SOFÁ

10. LIGAR O COMPUTADOR

11. NÃO VERIFICAR O E-MAIL

12. NÃO COMEÇAR A NAVEGAR PELA INTERNET

13. ABRIR O WORD

14. IR A "DOCUMENTOS" E SELECIONAR A RESENHA DE DUMMETT

Esta é a minha lista para hoje. Estava indo muito bem até "Abrir o Word". Então cheguei à "Resenha de Dummett". Michael Dummett foi um filósofo muito importante que escreveu um pequeno livro sobre um grande tema com o título de *Pensamento e realidade*. Aceitei fazer uma resenha para a *Mind*, uma excelente revista de filosofia britânica. Li o livro várias vezes e até já comecei a resenha. Mas é difícil terminá-la. Resenhar um livro importante de um filósofo importante para uma revista importante é bastante intimidador. Está no alto da minha lista de prioridades. Estou muito atrasado — mas na indústria da filosofia, as principais revistas parecem estar acostumadas a prazos perdidos. Filósofos são um grupo esquisito, infelizmente. Não sou o único procrastinador estruturado com o qual a revista precisa lidar. De qualquer forma, não consegui terminá-lo hoje. Então, em vez disso, estou trabalhando neste capítulo — e sinto que minha técnica de procrastinação estruturada está funcionando.

Há também uma prática defensiva para melhor conclusão da lista de tarefas: gaste um pouco de tempo pensando em como seu dia poderia descarrilar nos primeiros estágios e estabeleça salvaguardas para evitar isso. Ontem à noite, vi *Harry e Sally: Feitos um para o outro* na TV. Havia uma boa chance de que eu quisesse começar o dia seguinte fazendo uma busca no Google por "Meg Ryan", para ver quais eram os outros filmes dela de que eu não me lembrava e gostaria de rever. Quando começo a pesquisar no Google, raramente paro ao encontrar o que estava procurando no começo:

> *Estou vendo que Meg foi casada com Dennis Quaid. Agora, qual dos irmãos Quaid era mesmo? Vou olhar "Dennis Quaid" na*

Wikipédia. Ah, o bonitão. Eu deveria ter adivinhado. Olha isso, o pai dele era primo de Gene Autry! Há muito tempo não penso em Gene Autry. Lembra-se de "Tumbling Tumbleweeds"? Ótima música. Será que consigo encontrar no iTunes...

E por aí vai. É melhor dar um basta em toda essa perda de tempo já escrevendo "Não procurar 'Meg Ryan' no Google" na lista de tarefas, junto com outros lembretes para não descarrilar. (Vou me aprofundar mais nos perigos de procrastinar na internet no próximo capítulo.)

Siga esse conselho e as listas de tarefas podem ser úteis. Elas não vão curar a procrastinação, mas são parte da estratégia de automanipulação que pode ajudar a fazer do procrastinador um ser humano produtivo.

Quero enfatizar novamente que devemos fazer a lista de tarefas antecipadamente, de preferência na noite anterior (apesar de que o melhor é não escrever tão cedo para não perdê-la antes de ter uma chance de deixá-la ao lado do despertador). Antes de ir dormir, você pode provavelmente se imaginar acordando e realizando várias delas. Não espere até o despertador tocar para pensar no que quer realizar durante o dia. Se fizer isso, sua lista poderia consistir em "virar para o outro lado e voltar a dormir".

E uma nota final sobre alarmes. Nós, procrastinadores estruturados, podemos nos inclinar para desligar o alarme, rolar para o outro lado e voltar a dormir. Muitos possuem botões "Soneca", o que faz com que isso seja ainda mais fácil de fazer. Mas se você consegue alcançar o botão "Soneca" uma vez, vai conseguir alcançá-lo uma segunda e uma terceira. É melhor ter um segundo despertador, bem alto, programado para tocar dois minutos depois do primeiro, e deixá-lo na cozinha perto da cafeteira.

4. Entre no ritmo

"Get Rhythm" é uma ótima canção de Johnny Cash. Um engraxate aconselha o Homem de Negro a "*get rhythm when you get the blues*".* Não só é um bom conselho, mas é o quarto passo deste programa. Não estou dizendo que você deveria trabalhar para conseguir ter ritmo se não o possui, apesar de ser um objetivo admirável. Eu mesmo tenho provas de que sou um pouco deficiente nessa dimensão. Geralmente quando os torcedores do San Francisco Giants batem palmas para encorajar os jogadores, eu olho ao redor e percebo que estou um pouco fora do ritmo. Minhas mãos estão se tocando quando as de todo o resto estão se afastando e

* "Entre no ritmo quando o blues tocar". (N. T.)

vice-versa. É embaraçoso, mas não significa que não estou encorajando o time como o restante das pessoas.

É bastante óbvio que a música possui uma conexão direta com as emoções. Descrevemos música com termos emocionais como *triste* e *feliz*. Cantamos músicas de ninar para acalmar crianças — ou, no caso de pessoas como eu, que possuem mau ouvido para música e péssimo sentido de ritmo, tocamos discos com músicas de ninar. Cantar ou cantarolar também nos acalma. Música de fanfarra nos faz querer marchar ou pelo menos nos faz sentir melhor se tivermos, por qualquer razão, de marchar. E uma canção feliz com uma batida grudenta pode nos levantar quando estamos nos sentindo para baixo, o que acontece com frequência com os procrastinadores.

Na verdade, muitos de nós, procrastinadores, sofrem ataques reais de depressão. Se é a procrastinação que causa a depressão ou vice-versa, não sei. Independentemente do que vier primeiro, uma reforça a outra. Alguns casos de depressão exigem psicoterapia ou drogas, ou os dois. Mesmo assim, julgando pelo meu próprio caso, geralmente a música certa pode ajudar muito. E custa muito menos.

Mas aí reside um problema. A música errada pode piorar tudo. Quando você está triste e se move devagar, precisa ouvir "Start Me Up" dos Rolling Stones, "Respect" de Aretha Franklin ou — se quiser ficar com Johnny Cash — "Tennessee Flat Top Box". Não vai ajudar nada ouvi-lo cantando "Hurt", sua música sobre machucar a si mesmo para ver se ainda consegue sentir dor.

Algo como "Hurt" não é exatamente o que você quer quando está mal. Eu acordo me sentindo triste. Duas, três ou quatro xícaras de café não me ajudam. Talvez um pouco de música ajude? Oh, veja, tenho um disco de John Lee Hooker, assim consigo ouvi-lo cantando como uísque e mulheres destruíram sua vida. Isso não vai ajudar muito.

O que preciso ouvir é algo como "Seventy-six Trombones" do musical *The Music Man*. Ouço essa música e as coisas começam a brilhar. O ritmo me impele a me levantar e me mover. Imagens do professor Harold Hill dirigindo a Banda dos Garotos de River City por uma cidade de Iowa idealizada provocam lembranças de bandas escolares tocando em intervalos de jogos — lembranças de alguma forma estranhamente desconectadas das tristezas que estão realmente envolvidas com ir para a escola. Então a resposta parece simples: se você acordar se sentindo triste, ponha "Seventy-six Trombones" na velha vitrola ou no CD player, ou selecione na sua biblioteca do iTunes ou onde você costuma ouvir música.

Mas quem faz escolhas musicais como essa quando acorda deprimido de manhã? Aqui, a tecnologia pode ajudar. Não tem a ver com algo que Steve Jobs tenha inventado. O velho e bom rádio relógio funciona, desde que você encontre uma estação de rádio que toque músicas razoavelmente animadas no começo da manhã. Você procura a estação na noite anterior. Não importa se gosta da música que toca. Pode odiá-la. Talvez você seja anarquista e a última coisa que queira ouvir de manhã é "Stars and Stripes Forever". Talvez seja anglofóbico e não queira ouvir o Rolling Stones cantando "Start Me Up". Nada disso importa. Escolha uma estação animada; aumente o volume e ponha o rádio relógio a uma distância considerável da sua cama. Você não faria essas escolhas de manhã. Mas pode fazê-las na noite anterior.

É claro que há muitas músicas animadas que qualquer pessoa razoável pode escutar sem grandes problemas, mesmo se não estiver no clima para ouvi-las. Muitos dos clássicos se encaixam perfeitamente. E por clássicos quero dizer o rock e alguma música country das décadas de sessenta, setenta e oitenta. No rádio, agora elas são chamadas de *oldies*. Não tenho ideia de por quê. Benny Goodman, Bing Crosby e Nat King Cole são velharias. Meus pais ouviam esses caras. Stones, Beatles, Eagles — é somente boa música clássica. Qualquer um deveria reconhecer isso.

Hoje em dia, você não precisa depender das escolhas de algum DJ alegre na sua estação de rádio preferida. Pode juntar uma lista das músicas que acha que vão ajudá-lo a ter um bom começo de dia. Claro, precisa montar a lista durante algum raro momento em que está de bom humor.

Você também pode usar a música para ajudar a combater a procrastinação de outras formas. Combine com a estratégia pássaro a pássaro do último capítulo. Digamos que você precisa limpar a garagem. É uma tarefa dura; você não vai fazer tudo isso de uma vez. Mas com a música certa, pode começar. Decida que vai começar e continue trabalhando durante toda a duração do seu CD favorito. Melhor ainda, faça uma *playlist* de faixas enérgicas e alegres para limpar garagem — o tipo de música que pode até fazer com que você *queira* ficar arrumando velhas ferramentas. Claro, há perigos aqui. Você poderia decidir repassar sua biblioteca de música para procurar as músicas perfeitas antes de começar. Então pode terminar organizando sua música em vez da sua garagem.

Pôr uma música na sua lista não é um julgamento sobre quais músicas e grupos são os melhores. Talvez você ache que "Hey Jude" dos Beatles seja bastante superior a "Ob-La-Di, Ob-La-Da". Mas a segunda ainda pode ser uma escolha melhor para o começo do dia. Eu costumo pensar que Neil Diamond está perto de Beethoven, mas, mesmo que você não ache, é preciso admitir que muitas das canções são bastante energizantes. O grupo Katrina and the Waves não está no Hall da Fama do Rock'n'Roll, mas é difícil ganhar de "Walking on Sunshine" como música animada. A melhor música para acordar, na minha humilde opinião, é "Black Coffee" de Lacy J. Dalton.

Essa música ilustra que, ao contrário do que alguns exemplos anteriores podem ter sugerido, canções com uma mensagem triste, depressiva ou até psicoticamente disfuncional podem ser satisfatórias na lista, desde que o ritmo seja bom. A mensagem de "Black Coffee" não é exatamente animada. A torrada está queimando, a chuva está caindo e Dalton sente que está perdendo seu amor — mas ela tem café para ajudar a aguentar todo esse sofrimento. Apesar da mensagem morosa, o ritmo é absolutamente contagiante; você vai pensar em beber café e ficar energizado para não ser pego nos vários infortúnios de Dalton.

5. O computador e o procrastinador

De certa forma, o computador é uma grande coisa para o procrastinador. Estes tendem a terminar tarefas no último minuto ou, no melhor dos casos, pouco antes do prazo absoluto e final, sem mais extensões de tempo para entrega. Se o produto final for o tipo de coisa que pode ser enviada por e-mail, o último minuto pode estar até mais perto do prazo final absoluto do que em épocas passadas, quando tinha de ir pelo correio, ou até mesmo em dias não tão antigos quando a entrega "overnight" da FedEx era a forma mais rápida. Agora você envia por e-mail e o trabalho chega lá instantaneamente. Se tiver a boa sorte de viver na Ásia ou na Europa, ou mesmo na Costa Leste e precisa cumprir o prazo estabelecido por alguém na Costa Oeste, isso pode acontecer até antes de você enviar o trabalho.

Mas o computador também é a perdição para o procrastinador, porque ajuda a perder tempo em tentadoras e fáceis buscas sem sentido. Os grandes problemas são trabalhar com e-mail e navegar na internet.

Quando se trata do e-mail, devo admitir que não criei qualquer técnica boa por lidar com os perigos especiais que ele fornece ao procrastinador. Espero que conversar sobre minhas dificuldades pelo menos faça com que outras pessoas com problemas parecidos se sintam menos sozinhas. Sobre a tentação de passar horas infinitas na internet, tenho algumas sugestões baseadas na minha vasta experiência sobre isso.

A AGONIA E O ÊXTASE DO E-MAIL

No passado, quando a maioria da correspondência vinha em envelopes entregues pelo carteiro, eu já não era muito bom em manter as coisas atualizadas. Havia um certo ritmo nas coisas. O correio chegava e eu começava a abrir as cartas. Por uma razão ou outra, eu me sentava e lidava com certos itens de forma apropriada. Outras coisas, como contas, eram deixadas numa pilha que eu absolutamente precisava repassar uma vez por mês e acabei desenvolvendo o hábito de pagá-las na hora, pois as consequências de não fazê-lo eram terríveis. Outras coisas — algumas abertas, outras não — eram empilhadas no fundo da mesa para ser resolvidas "mais tarde". No final, as cartas começavam a cair da mesa no chão, onde ficavam esquecidas por longos períodos de tempo, talvez para sempre. Dessa forma, a pilha era administrável, um repositório para encontrar tarefas a realizar como uma forma de não fazer outras coisas mais urgentes que iam surgindo.

De vez em quando, esse sistema levava a resultados infelizes. Algumas cartas que caíram atrás da mesa ou permaneceram na pilha, mas nunca foram abertas, eram importantes. Mas não muitas. Se responder a uma carta era realmente essencial para alguém, eu normalmente recebia uma chamada telefônica ou outra carta daquela pessoa, então procurava a comunicação original e resolvia a questão. E não sou estúpido o suficiente para deixar passar cartas, por exemplo, da Receita Federal que estão marcadas como urgente.

Esse sistema estava longe de ser perfeito, mas às vezes funcionava bem. Por um tempo, quando eu era um jovem professor assistente na Universidade da Califórnia em Los Angeles (UCLA), fiquei responsável pelas admissões no programa de mestrado. Não era um programa muito grande e eu tinha a tendência de deixar as coisas se empilharem até o chefe do departamento me dizer que eu devia levar uma lista dos melhores candidatos na próxima reunião. Uns dez anos depois, quando já não trabalhava lá, estava tentando levantar algum dinheiro para um instituto de pesquisa em Stanford. Almocei com o CEO de uma empresa do Vale do Silício que fabricava modems de alta qualidade. Era a época em que todas as pessoas que queriam usar computador em casa discavam para um mainframe e um modem de 1200 baud era o máximo de tecnologia, um equipamento caro que todo mundo queria. Sua empresa fazia os melhores. Ele era muito bem-sucedido.

Durante o almoço, surgiu a informação de que ele havia estudado filosofia numa faculdade estadual na Califórnia e tinha se inscrito na UCLA para fazer mestrado. Ele se inscrevera só porque não sabia muito bem o que fazer depois de se formar. Nunca teve uma resposta da UCLA, mas enquanto estava esperando começou sua empresa de modem, com a qual ficou milionário. Sua carta tinha chegado até minhas mãos, ficado na pilha atrás da mesa e caído — por isso nunca foi lida. Eu me senti mal.

Mas esse cara estava muito feliz pela forma como eu tratei seu caso. Ter um mestrado em filosofia, mesmo da UCLA, em geral não leva à fama e à fortuna, especialmente para aqueles que estudam só porque ainda não conseguiram descobrir o que fazer com suas vidas. Então, as coisas terminaram bem para ele. Acabou não doando dinheiro para o instituto de pesquisa, mas me presenteou com um modem.

Você pode pensar que o e-mail mudou a forma como eu trato minha correspondência. É muito mais fácil responder a um e-mail do que a uma carta. Mesmo assim, pelo menos no meu caso, a psicologia do procrastinador estruturado enganou facilmente a tecnologia moderna.

A maior parte da minha correspondência agora aparece não na minha mesa, mas na minha caixa de entrada do computador. Eu uso o Gmail, que faz um bom trabalho limpando *spams* e desviando coisas para pastas que não quero que sejam automaticamente apagadas, mas que tenho certeza de que só vou olhar quando estiver no espírito realmente procrastinador — coisas como relatórios da minha congressista, descrições do último ataque contra o meio ambiente de forests.com ou minutas das reuniões do Rotary.

O resto vai se empilhando na minha caixa de entrada. Por qualquer razão que seja, resolvo a maioria — mas nunca tudo — do meu e-mail no dia em que ele chega. Tento resolver os itens não respondidos com alguma frequência, especialmente quando o número de e-mails na minha caixa de entrada chega perto de cem. As pessoas me enviam mensagens curtas sugerindo que o e-mail anterior deles deve ter ficado perdido, então procuro notas anteriores e tento respondê-las. Mas assim como as cartas que costumavam cair atrás da mesa, há uma certa quantidade de coisas que permanece esquecida por longos períodos de tempo. Às vezes, quando finalmente chego a esses e-mails, sinto-me mal por tê-los ignorado. Com sorte, lido bem com a culpa. E para cada e-mail que eu ignoro por meses, há um com o qual lido quase imediatamente, como uma forma de não fazer algo mais importante. Envio uma resposta tão rápida que o receptor fica encantado com minha presteza.

Tentei usar os recursos de e-mail para gerenciar tudo de forma mais satisfatória. Criei uma pasta chamada COISAS REALMENTE URGENTES QUE NÃO PODEM SER IGNORADAS e me forcei por um tempo a arquivar ali tudo que parecia importante, mas que eu não queria resolver no dia em que chegava. Mas então eu esquecia e só voltava a olhar a pasta meses depois.

O Gmail permite que você assinale uma pequena estrela numa mensagem e depois a arquive. Ela desaparece da sua caixa de entrada, o que dá uma sensação de realização. Mas não é como jogar no lixo. Mais tarde, quando estiver no clima de resolver muitas coisas, você pode selecionar o arquivo de mensagens com estrelas, e essa lista aparece no lugar da sua caixa de entrada. Pareceu-me uma forma boa de marcar as coisas importantes que eu não estava pronto para resolver, mas queria que saíssem da minha caixa de entrada. Porém, acabou levando a uma segunda lista tão longa quanto a da caixa de entrada, então não resolveu nada. Acabaram sendo muito raras as ocasiões em que me senti ambicioso e abri minhas mensagens com estrelas.

O procrastinador estruturado tem uma vantagem ao evitar um dos piores perigos do e-mail. No passado, se você recebia uma carta, mesmo se a respondesse imediatamente haveria um intervalo de quatro a seis dias antes de receber uma resposta. Mas parece existir um certo grupo de pessoas aí fora que envia outro e-mail assim que recebe uma resposta, deixando a bola voltar à sua quadra. Isso pode ser muito frustrante para um procrastinador, que não terminou de se felicitar por responder a um e-mail quando logo em seguida chega outro da mesma pessoa. Tais pessoas descobrem que não sou uma delas, pois mesmo se eu responder ao e-mail original com rapidez, é quase certo que vou procrastinar no seguinte. Isso é frustrante para o entusiasmado correspondente e alguns deles eliminam procrastinadores das suas listas de correspondentes regulares. Infelizmente, nem todos aprendem a lição.

NAVEGAR SEM SE AFOGAR

Alguns correspondentes prestativos mandam links para sites pertinentes nos seus e-mails, e seguir esses links pode ser algo parecido a uma toca de coelho. Você pode terminar passando horas investigando sites, indo de um para o outro, e de repente descobrir que o sol se pôs e o dia terminou. Às vezes, isso rende dividendos inesperados. Você desenvolve pequenos poços de conhecimento, talvez sobre o tipo de teto de metal que existe para um celeiro — se alguém tiver um celeiro, o que não é meu caso — ou sobre a história do Tadjiquistão. Esses poços de conhecimento acabam sendo úteis em conversas ou quando você está fazendo palavras cruzadas. Mas é fácil perder uma ou duas horas procrastinando sem ter nada para mostrar — ou podem ser um ou dois dias, na verdade.

Navegar de um link irrelevante para outro ainda mais irrelevante é mais ou menos como assistir a programas ruins na TV. É muito difícil parar de assistir a programas ruins baseando-se somente na força de vontade. Eu esperei quase uma hora só para ver quanto eles cobram por uma faca Ginsu, ou por sacos verdes que mantêm os vegetais frescos, ou por um abridor de garrafa que parece um baixo e toca "99 Bottles of Beer" quando você usa, apesar de não ter nenhuma intenção de comprar nada disso. O que você precisa é de algo para romper o feitiço, como almoço, ou uma vontade urgente de ir ao banheiro ou um comercial absolutamente chato, ou qualquer programa que envolva Paris Hilton ou Glenn Beck fazendo qualquer besteira.

Aprendi um truque que ajuda quando vou entrar na internet e sei que vou terminar tentado a ficar navegando. Tento começar minha sessão só quando tenho certeza de que algum evento natural vai me interromper. Faço login quando já estou com fome ou estou quase certo de que minha esposa vai aparecer com alguma tarefa urgente pouco depois ou já estou sentindo os primeiros sinais de bexiga cheia. Se você usa um laptop, outra estratégia seria desconectá-lo antes de começar a usar seu e-mail; o feitiço vai se desfazer quando a bateria morrer — apesar de que, com baterias mais eficientes, essa técnica fica menos útil.

Se nada mais funcionar, ponha um alarme para interrompê-lo depois de uma hora. Claro, você pode terminar sabendo um pouco menos sobre o Tadjiquistão do que teria gostado.

6. Um apelo para a organização horizontal

Não há nada intrinsecamente errado em ser canhoto, mas quando o mundo está organizado para destros, pode ser uma desvantagem real. Considere as cadeiras que existem nas salas de aula, com pequenas mesinhas dobráveis do lado direito. Um canhoto precisa escrever com o cotovelo esquerdo pendurado no ar ou se virar totalmente na sua cadeira, com o cotovelo onde o destro põe o caderno e seu caderno na parte estreita da mesinha onde o destro apoiaria o cotovelo. Poderíamos chamar um canhoto de deficiente situacional; em situações nas quais as coisas estão montadas para destros, ser canhoto é uma desvantagem.

Não sou canhoto, mas tenho outra deficiência situacional bem conhecida. Sou um organizador horizontal num mundo criado para organizadores verticais. Vale a pena discutir isso aqui porque, na minha experiência, uma grande proporção de procrastinadores estruturados também é um organizador horizontal.

A ideia de organização vertical vem de armários altos e verticais. Algum dia isso será somente uma lembrança turva, já que o mundo não usará mais papel. Mas armários ainda ocupam muitos escritórios. Para um organizador horizontal, são estranhas lembranças de um modo diferente de vida. Mas organizadores verticais realmente usam esses arquivos. Na verdade, a principal marca de um organizador vertical é a capacidade de usar essas coisas. Aqui reproduzo um divertido conselho de Sally Allen, que escreve um blog sobre se organizar:

> Mantenha o fluxo do papel até seu destino final. Ops, está dizendo que não há um destino final? Bem, meus amigos, é disto que são feitas as pilhas — papéis perdidos procurando um lar… Criar um sistema de arquivamento que funciona para você é como encontrar o pote de

ouro no final do arco-íris. Um bom sistema de arquivamento vai levá-lo de volta ao controle, melhorar sua imagem profissional e aumentar a produtividade.

Tenho certeza de que Sally Allen é uma pessoa adorável e que está certa sobre isso. Mas ela é uma organizadora vertical. Organizadores verticais acham natural usar arquivos para guardar materiais que têm a intenção de usar apenas uma hora, um dia ou uma semana depois. Quando eles precisam novamente daquela coisa, vão até o arquivo, puxam uma pasta e voltam a trabalhar. Eles não entendem como essa ideia é estranha para um organizador horizontal.

Outro dia eu estava trabalhando numa carta para a Clínica Médica de Palo Alto explicando por que minha conta estava errada e por isso não devo tanto dinheiro quanto eles acham que devo. É algo bem complicado e eu tinha contas e correspondências espalhadas à minha frente. Não consegui terminar antes da hora de ir embora. Um organizador vertical teria juntado tudo isso e enfiado numa pasta para recuperar mais tarde. Se eu tivesse feito isso, poderia ter ficado com um ponto vazio na minha mesa. Esses pontos vazios são a marca registrada dos organizadores verticais.

Agora, claro, não foi isso que eu fiz. Deixei a carta sem terminar na minha mesa, com os materiais espalhados. Na verdade, não estavam exatamente *sobre* a mesa, porque alguns outros projetos em curso já estavam espalhados ali; a carta e os documentos de apoio estavam sobre trabalhos meio corrigidos, palestras meio escritas, brochuras meio lidas e coisas assim.

O fato é que sou um organizador horizontal. Gosto que todas as coisas nas quais estou trabalhando estejam espalhadas sobre uma superfície à minha frente, onde possam me chamar para continuar a trabalhar nelas. Quando ponho algo numa pasta, nunca mais a vejo. O problema não é que não consigo encontrá-la (apesar de isso já ter acontecido), mas que não procuro. Sou fisicamente incapaz de abrir um arquivo e encontrar um projeto ainda não finalizado para retomar o trabalho.

Você poderia achar que os computadores iriam cuidar disso, mas não é assim, como vimos no último capítulo. O organizador horizontal deixa tudo no seu computador, que pode terminar tão confuso quanto uma mesa. Como expliquei antes, quando alguém como eu abre o e-mail, só consegue resolver o que está na sua caixa de entrada. Se tem um arquivo e marca como COISAS URGENTES, não vai funcionar. Nunca vou abrir essa pasta.

Eu uso arquivos. São lugares para (1) guardar projetos finalizados que planejamos nunca mais olhar e (2) guardar coisas que ficaríamos mal se jogássemos fora, mas não temos nenhuma intenção de ler. Digamos que uma ex-colega mandou um longo e chato documento que ela acabou de escrever. Seria muito insensível e maldoso jogá-lo fora; além do mais, sem dúvida você teria de mentir na próxima vez que se encontrasse com ela. Mas se guardar o ensaio num arquivo, pode dizer: "Sim, está na minha pasta de coisas para ler neste verão". Isso só implica que você tem uma pasta chamada COISAS PARA LER NESTE VERÃO e que pôs o trabalho ali. Assim, não está realmente mentindo, mesmo se as chances de ler o trabalho este verão (ou qualquer verão, outono, inverno ou primavera) sejam nulas.

Olhando do jeito que ela está, minha mesa provavelmente atrairá comentários críticos de organizadores verticais como Sally Allen. Essas pessoas tendem a pensar que uma mesa com muito papel espalhado é sinal de uma pessoa desorganizada. Mas não é assim. É como olhar um estudante canhoto todo retorcido tomando notas nas mesinhas já mencionadas e pensar que ele é descoordenado. O problema é que ele está numa desvantagem situacional. E esse é o obstáculo para organizadores horizontais. O mundo todo está montado para ajudar a manter pessoas verticalmente organizadas por cima, usando arquivos. As únicas coisas que as pessoas horizontalmente organizadas têm são mesas, lugares em cima de arquivos, cadeiras próximas e o chão. Se alguém pensasse um pouco num bom sistema de arquivamento e recuperação para pessoas horizontalmente organizadas, poderíamos ser tão organizados e funcionais quanto qualquer outro indivíduo.

Aqui está minha ideia. Em vez de uma mesa, gostaria de ter uma grande bandeja giratória no meu escritório como aquelas que existem nas mesas em restaurantes chineses. A bandeja giratória é uma plataforma circular rotatória, que cobre a maior parte da mesa e deixa espaço apenas para os pratos nas bordas. As várias bandejas de comida são espalhadas na bandeja giratória, que pode rodar (a uma velocidade baixa, a menos que queiramos comida chinesa lambuzando toda a camisa), assim cada um dos comensais tem acesso a cada prato.

Acho que algo ao redor de 4,5 metros de diâmetro estaria bem para minha sala. Toda a minha vida estaria espalhada nessa bandeja. Poderia haver poucas áreas em formato de tortas marcadas com letras do alfabeto. Quando eu tivesse de parar de escrever a carta para a clínica médica, giraria a bandeja até a seção em formato de pedaço de pizza e deixaria os materiais ali. (Acho que a letra certa seria M para "médico". Talvez C por "clínica" ou por "carta" ou I por "incompleto" ou A por "algo que me deixou bravo". Tenho certeza de que se tivesse uma bandeja giratória, teria como tomar essas decisões.)

Com meus projetos empilhados na minha bandeja, eles todos poderiam chamar minha atenção, algo que nunca aconteceria se estivessem arquivados. E, mesmo assim, estariam bem organizados, como se eu fosse um organizador vertical.

Preciso admitir que uma bandeja giratória de 4,5 metros ocuparia muito espaço na minha sala, que mede cinco por cinco metros. Eu me imagino como as pessoas que já vi em fotos de clubes de modelos de ferrovias. Toda a sala está tomada com a mesa para o trem — pequenas cidades, montanhas de papel machê e muitos trilhos por todos os lados. O operador passa por baixo de tudo isso e aparece no meio. Como as bandejas são redondas e minha sala é quadrada, a cadeira estaria num dos espaços nos cantos. Eu poderia entrar, engatinhar embaixo da bandeja até o canto e aparecer para trabalhar de forma tão eficiente e ordenada como uma pessoa verticalmente organizada. Eu poderia também usar um daqueles bonés de jeans como os ferroviários usam, apesar de não parecer estritamente necessário para que o sistema funcione.

7. Colaborando com o inimigo?

Talvez a melhor forma de superar a procrastinação seja juntar-se a pessoas que não sejam procrastinadores. E não procrastinadores não são o inimigo. Ao contrário. A gente os deixa nervosos; em muitos casos, justificadamente. E os hábitos de trabalho normais deles podem parecer estranhos e ameaçadores para nós. Mas quando se trata de fazer coisas, tais pessoas podem funcionar até melhor do que os alarmes, apesar de poderem ser mais difíceis de desligar, é claro. Eu escrevi muitas coisas com pessoas que não são procrastinadoras e tudo funcionou muito bem. Na década de oitenta, escrevi um livro com meu falecido amigo, o brilhante lógico Jon Barwise. A abordagem dele para escrever era descobrir o que queria falar, preparar um esboço, começar a escrever e continuar a trabalhar até terminar. Não sei como ele criou um sistema tão bizarro. Jon esperava que as partes que eu tinha concordado em escrever fossem feitas da mesma forma. Isso foi duro para nossa amizade, mas funcionou bem para terminar o livro. O método de Barwise e como funcionava bem para ele foi uma revelação para mim e decidi ser mais como ele — mas não me dei muito bem.

Há alguns anos tive uma ideia para um programa de rádio sobre filosofia que se chamaria *Conversas filosóficas*. A ideia em si me dava muito prazer, mas claro que não fiz nada para transformá-la em realidade. Então a mencionei a meu amigo Ken Taylor. Como eu, Ken é membro do Departamento de Filosofia em Stanford. E, também como eu, ele é feio, ou seja, tem um bom rosto para o rádio. Nós dois amamos a filosofia da linguagem. Mas em pontos importantes ele é totalmente o oposto de mim e da maioria dos outros filósofos. É um verdadeiro tipo A, não procrastinador, dinâmico. Antes que eu soubesse o que estava acontecendo, ele já tinha pedido dinheiro a Stanford para um piloto e estava participando de convenções de rádios públicas. Conseguimos algum dinheiro, fizemos um piloto e fomos à convenção para conversar com diretores de programação e explicar nossa grande ideia. Eles em geral nos olhavam incrédulos e diziam que nem a audiência da rádio pública iria querer passar uma hora ouvindo filósofos falando sobre livre-arbítrio, a existência de Deus, niilismo ou se os números são reais. Fiquei desencorajado e estava pronto para desistir. Mas Ken continuou insistindo até encontrarmos Ben Manilla, um produtor de rádio com muita energia, contatos e, como Ken, nenhuma tendência à procrastinação.

Agora temos um programa de rádio chamado *Conversas filosóficas*, que é retransmitido por várias estações e possui uma audiência grande e dedicada. (Vá até philosophytalk.org se, ao contrário da sabedoria da maioria dos diretores de programação, isso parece interessante para você.) Toda semana há uma teleconferência para planejar programas futuros. Ken arregimentou estudantes para nos dar ideias para temas, possíveis convidados e informações sobre os tópicos. Todo domingo de manhã vamos até San Francisco para transmitir o programa às dez horas dos lindos estúdios da KALW. Uma situação foi criada na qual nem eu poderia procrastinar.

Como estabelecer um alarme, juntar-se com colaboradores não procrastinadores é uma forma de tirar das nossas mãos a decisão de trabalhar. O lado ruim, claro, é que terminamos trabalhando muito.

Você pode perguntar: o que acontece quando procrastinadores colaboram? Dois procrastinadores estruturados podem conseguir bastante, desde que as tarefas que estejam adiando e as que estão trabalhando se alinhem bem. Meu atual colaborador é Kepa Korta, um filósofo basco. Ele é definitivamente um procrastinador, apesar de não estar no mesmo grau que eu. Mesmo assim, finalmente terminamos um livro, *Críticas pragmáticas*, apenas um ano depois de termos começado o planejamento. Não entendo como conseguimos fazer isso, mas conseguimos.

Outro dos meus colaboradores, David Israel, não é um procrastinador. Talvez já tenha sido. Se tiver sido, deixou o hábito há muito tempo. Ele é um cientista da computação com um emprego normal na indústria. No entanto, possui um defeito diferente, que posso ter sido o primeiro a diagnosticar. Ele tem o que eu chamo de desordem de déficit de fechamento de parênteses. A cabeça de David está normalmente tão cheia de ideias — e, em especial, objeções a tudo que eu acabo de falar — que ele não consegue terminar um pensamento antes de começar outro. Uma resposta típica a uma ideia minha é assim:

> Você está certo sobre a necessidade daquela distinção (apesar de que, por falar nisso, estou bastante confuso por que precisamos dessa distinção (que na verdade não é realmente a distinção correta (claro que há grandes problemas sobre o que é exatamente uma distinção...

Não faltam parênteses de abertura, mas, sozinho, David nunca consegue usar os parênteses necessários para fechar sua miríade de pensamentos.

No entanto, trabalhamos bem juntos porque minha mente viaja depois das primeiras duas digressões e trabalha para completar qualquer um dos pensamentos mais plausíveis que ele começou, ignorando o resto. A conversa continua assim, e no final chegamos a algum lugar e até terminamos algumas coisas. Trabalhar com David é tão divertido que é quase indolor, apesar da sua incapacidade para terminar uma sentença e sua insistência em realmente fazer as coisas.

A maioria dos colaboradores com quem tive a sorte de trabalhar tendia a ser só um pouco compulsiva. Quando aparecia uma tarefa, eles começavam a trabalhar nisso. Um dos meus princípios orientadores sempre foi nunca refazer trabalho que alguma pessoa competente já está fazendo. Por mais que eu tente superar meus hábitos de procrastinação, deve haver provavelmente uma curta pausa entre o tempo em que fica claro que alguma tarefa precisa ser feita por um projeto conjunto e o momento em que decido realizá-la. É bastante frequente que meu colaborador já tenha começado. Não reclamo.

Então, se você escolheu bem seus colaboradores, eles — incapazes de resistir — provavelmente já começaram várias tarefas quando você estiver pronto para começar. Isso não necessariamente significa que você fará menos do que sua parte. Imponha-se como meta cumprimentar seus colaboradores sobre o bom trabalho que estão fazendo. Tenha certeza de que saibam que você está consciente de tudo que realizam enquanto você está procrastinando. Use suas habilidades como um procrastinador estruturado para fazer muitas tarefas relativamente pouco importantes que o não procrastinador poderia nunca conseguir realizar. Pague o almoço. Toque um pouco de música. Deixe-os felizes.

8. Benefícios adicionais

Um dos grandes benefícios adicionais de ser um procrastinador estruturado é que às vezes uma tarefa importante no alto da lista de alguém simplesmente desaparece. Uma manhã, há pouco tempo, eu devia trabalhar numa carta de referência para um ex-estudante. Já devia ter uns doze anos que ele defendera seu doutorado; agora era professor numa faculdade de uma cidade linda, mas chata — um lugar ideal para criar os filhos. Agora que seus filhos tinham crescido, ele queria encontrar um emprego num lugar menos ideal para criar crianças. Então concordei em escrever uma carta. Não era exatamente uma tarefa intimidadora, mas mesmo assim era significativa.

Mas então, aquela manhã, ele me enviou boas novidades. Todos os empregos aos quais tinha se candidatado eram do tipo que pediam referências diretamente, depois de reduzirem a lista de candidatos. Eu não precisava escrever a carta, afinal de contas. Eu poderia esperar até que alguém pedisse. Isso talvez demorasse meses. Encontrei tempo! Bem, não exatamente, porque eu poderia estar fazendo a mesma coisa inclusive se não tivesse recebido o e-mail. De qualquer forma, não passei meu dia não escrevendo algo que deveria estar escrevendo. Então eu recebi o presente do tempo livre de culpa.

No capítulo 1, vimos como boas habilidades de autoengano poderiam beneficiar um procrastinador estruturado, motivando-o a fazer coisas úteis como uma forma de não fazer coisas muito importantes, que na verdade realmente não são tão importantes. Mas às vezes, como naquele dia, boas habilidades de autoengano não são necessárias. O mundo dá um pequeno bônus por procrastinar. Eu poderia ter escrito aquela carta quando me foi pedido a primeira vez, algumas semanas antes. Em vez disso, adiei, supondo que ao chegar perto do prazo receberia um lembrete (ou dois ou três). Se tivesse escrito no começo, poderia ter sido uma completa perda de tempo. Ou poderia ter sido uma perda parcial de tempo — meu ex-estudante poderia escrever outro artigo ou conseguir outra bolsa antes de a carta ser solicitada e então eu teria de reescrevê-la. Há uma pequena chance de que eu perdesse a carta, preenchesse mal ou acidentalmente a apagasse ou meu HD tivesse algum problema antes que eu fizesse um backup. Também é possível que o mundo ou a profissão acadêmica acabasse antes que a carta fosse necessária.

No filme *Melancolia*, de 2011, um planeta com esse nome se choca com a Terra e o destrói. Fica evidente por um tempo antes do cataclismo que isso vai acontecer. Kirsten Dunst faz o papel de uma jovem bastante deprimida vivendo com sua irmã razoavelmente bem ajustada, o cunhado e o filhinho deles. Vimos como a depressiva Kirsten Dunst lida muito melhor com o frustrante fim do mundo do que os membros bem ajustados da família; sua melancolia permite que lide com os medos do seu sobrinho. Minha teoria é de que sua depressão incluía uma boa dose de procrastinação e sua calma e serenidade vinham de pensar em todas as tarefas estúpidas com as quais ela não perdeu tempo. Eu não diria que o fim do mundo é um benefício adicional da sua procrastinação, mas a calma e a serenidade, sim.

Há um velho ditado que diz: "Nunca deixe para amanhã o que você pode fazer hoje". Isso é bastante absurdo. Vamos assumir que cada dia termina à meia-noite. Enquanto não for meia--noite, de acordo com esse ditado, você deveria estar trabalhando em algo, mesmo se pudesse deixar para amanhã. Entre outras coisas, isso significa que você não vai ver *The Daily Show with Jon Stewart* ou *Late Show with David Letterman* — a menos que você conte isso como tarefas. Então não saberá nada dos eventos atuais e de importantes tendências culturais. Também significa que nunca conseguirá dormir antes da meia-noite, a menos que não haja absolutamente nada que poderia fazer hoje em vez de deixar para amanhã. É realmente um conselho tonto.

O melhor conselho é: "Nunca faça hoje uma tarefa que pode desaparecer amanhã". Mas se você é um procrastinador estruturado, não precisa desse conselho. Vai obedecê-lo automaticamente. É como um benefício adicional.

As tarefas da sua lista de prioridades deveriam desaparecer. Uma forma de fazer isso é realizá-las. Mas há outras formas de fazer com que desapareçam. Alguma outra pessoa poderia realizá-las. Se você simplesmente demorar para fazer uma tarefa que deveria fazer, esperando que outra pessoa fique impaciente e a realize, isso é manipulativo e chato. Mas talvez se você simplesmente não sair correndo para realizá-la, isso dará uma chance a alguém que realmente quer completá-la. Por exemplo, a chefe do departamento me pede para sugerir um orador para a Conferência sobre Kant do ano que vem — uma conferência famosa patrocinada pelo departamento. Ela quer uma lista anotada, dando muitas informações sobre cada candidato, para que o departamento possa então discutir. Esse é o tipo de tarefa que eu odeio. Envolve avaliar pessoas, escolher entre elas e defender sua escolha na reunião do departamento.

Mas é exatamente o tipo de coisa que outras pessoas adoram fazer. Então dou uns dias para a tarefa desaparecer ou pelo menos para ficar mais simples, sozinha. Claro, outros membros do departamento começam a me enviar sugestões, acompanhadas por longos relatórios. Eles pensaram e avaliaram. Eu junto os e-mails e edito as avaliações, dando a meus colegas todo o crédito, e o relatório está pronto. Não terei de defender nada, porque meus colegas vão sustentar suas próprias escolhas. Talvez eu acrescente um ou dois nomes obscuros para provar que estive ativamente envolvido no processo. Pego umas duas pessoas que gostaria que fossem convidados, para dizer: "Defendo este nome para a Conferência de Kant". Eles não chegarão a ser discutidos, então não terei de defender minhas sugestões.

Algumas tarefas desaparecem porque os eventos os tornam irrelevantes. Depois que o San Francisco Giants ganhou o campeonato em 2010, jurei que conseguiria entradas para a final em 2011. Claro, não os comprei antes de meu time ser eliminado. Ainda bem que não resolvi fazer essa tarefa de forma prematura!

Às vezes, se você esperar um pouco antes de entrar de cabeça num projeto, pode descobrir algo útil sobre como ele deveria ser feito. Preciso conseguir uma nova impressora para meu computador. Isso significa ir até uma loja onde ficarei louco com a grande quantidade de escolhas. Laser ou jato de tinta? Preto e branca ou colorida? Pagar quase nada por uma impressora que depois vai exigir cartuchos caros ou pagar muito por uma que é mais barata para operar? É importante conseguir imprimir envelopes ou fotos 10 × 15? E deveria ter fax e scanner também? Quando foi a última vez que mandei um fax? Ou escaneei algo? A impressora funciona com o novo sistema operacional do Mac? Por falar nisso, eu vou ter tempo para instalar o novo sistema operacional do Mac? Provavelmente, o melhor é ler sobre as impressoras na internet ou na revista *Consumer Reports*. Mas eu prefiro morder meus dedões do que ficar lendo sobre impressoras.

Felizmente, o mundo está cheio de pessoas que sabem mais do que eu sobre essas coisas ou pelo menos possuem opiniões firmes. Vou almoçar amanhã com um colega que certamente terá muitos conselhos sobre impressoras. O conselho pode ser inútil, mas se eu segui-lo, pelo menos não terei de me culpar se as coisas não funcionarem. Ou posso pedir uma opinião ao meu vizinho, um leitor obsessivo da *Consumer Reports*. Ele é engenheiro e, portanto, na minha mente, uma autoridade sobre todas as coisas técnicas. Vou vê-lo em breve. Não preciso ir à loja hoje. Não preciso ler sobre impressoras. Não preciso nem pensar em impressoras. Deixe a situação amadurecer. Esse tipo de pensamento útil vem naturalmente ao procrastinador estruturado.

Agora talvez eu precise ser um pouco cuidadoso aqui. Estive tentando fazer com que os procrastinadores se sintam menos culpados com suas formas de adiar coisas, porque mais provavelmente são procrastinadores estruturados que estão fazendo várias outras coisas. Neste capítulo, estive considerando os benefícios reais de ser um procrastinador. Mas não quero ir longe demais.

Quando eu era um jovem filósofo, perguntei a um colega mais velho, Pat Suppes (já na época um famoso filósofo da ciência e estudante da natureza humana), qual era o segredo da felicidade. Em vez de me dar um conselho, ele fez uma observação engraçada sobre o que muitas pessoas que eram felizes consigo mesmas pareciam ter feito, entre outras coisas:

1. Fazer um cuidadoso inventário das suas fraquezas e erros;
2. Adotar um código de valores que trate essas coisas como virtudes;
3. Admirar-se por viver ao máximo.

Pessoas brutais se admiram por serem machos; pedantes compulsivos se admiram por sua atenção aos detalhes; pessoas naturalmente egoístas e más se admiram por sua própria dedicação a ajudar o mercado a recompensar o talento e punir o fracasso; e por aí vai.

Não quero que meus colegas procrastinadores caiam nessa armadilha. Procrastinação é um problema, não uma virtude bem escondida. O objetivo não é encontrar uma filosofia de vida que transforme procrastinadores em heróis (apesar de que poderia ser divertido tentar trabalhar com esses princípios). Eu simplesmente quero notar que não é o pior defeito do mundo; você pode ser um procrastinador e ainda conseguir fazer muitas coisas. Mesmo assim, com boas habilidades de autoengano e um pouco de força de vontade que permite uma dose de automanipulação, você pode se tornar menos procrastinador. E finalmente — o objetivo deste capítulo —, às vezes o defeito tem seus benefícios.

9. Os procrastinadores precisam ser chatos?

Durante alguns anos, o capítulo 1 ficou postado no meu site. Uma mulher leu o ensaio e enviou o link a seu marido (vou chamá-lo de Neil) e ele, por sua vez, me mandou o seguinte e-mail:

> Minha esposa, uma procrastinadora, me enviou um link para seu ensaio sobre procrastinação estruturada. Ela achou incrível. Eu achei irritante. Talvez forneça uma maneira eficiente para lidar com a procrastinação. Mas isso não explica o fenômeno, nem especula por que ele é muito mais comum na academia do que em outros lugares. Como também sou professor universitário, percebi que muitos dos meus colegas demoram semanas para entregar ensaios, atrapalham o processo de notas com apresentações tardias e deixam as livrarias

loucas com atrasos de semanas e até meses. Por quê? Eu suspeito que parte da razão é o espírito de perversidade que Dostoiévski descreveu em *Memórias do subsolo* — um impulso para realizar um comportamento autodestrutivo simplesmente para provar que não somos máquinas. Mas acho que a causa principal é a arrogância acadêmica, a crença de que regras comuns não se aplicam a grandes pensadores, mesmo que desconsiderar essas regras resulte em problemas para outras pessoas. Então acho que seu ensaio não é nem engraçado nem útil, mas ao contrário é um sintoma de um dos maiores problemas para a educação superior.

Neil nos lembra um ponto importante (como se precisássemos disso): que nós, procrastinadores, deixamos outras pessoas nervosas — em especial, nossas esposas e colegas. Parece que Neil não é procrastinador. Mas a experiência mostra que procrastinadores podem perturbar até mesmo outros procrastinadores, especialmente aqueles com quem estamos casados. Devemos ser procrastinadores um pouco piores do que nossos maridos/esposas. Mesmo que isso possa não ser necessário.

O diagnóstico de Neil é que uma das razões para que nós, procrastinadores, tenhamos um comportamento autodestrutivo é provar que não somos máquinas, uma ideia que tirou de Dostoiévski. Essa é uma sugestão interessante, mas não estou convencido disso. Pelo menos, não acho que seja a explicação para os episódios de procrastinação que outras pessoas acham mais irritantes. Posso me convencer de que não sou uma máquina ao fazer coisas que serão inconvenientes para mim, mas não incomodarão qualquer outra pessoa. Posso sair para a aula tão tarde que preciso correr da minha sala para chegar a tempo. Vou chegar sem ar, mas convencido de que não sou uma mera máquina. No entanto, esse não é o tipo de procrastinação que mais provavelmente irá deixar minha esposa ou meus colegas nervosos.

Imagino que o tipo de procrastinação que os outros acham infernal é normalmente uma forma de mostrar que você não é controlado pelos outros. Estou trabalhando no meu escritório. Minha esposa aparece para me lembrar que devo verificar a conta do Visa, na qual ela anotou, da sua forma metódica, alguns itens questionáveis. Ela gostaria que eu parasse o que estou fazendo, fechasse meu laptop, pegasse a conta (que ela está segurando bem na minha cara) e cumprisse com seu pedido imediatamente — isso apesar do fato de que não existe nenhuma razão para verificar a conta do Visa agora e não amanhã.

Provavelmente não estou fazendo nada tão importante. Talvez esteja olhando um e-mail de propaganda, que consiste em cupons para manivelas, geradores solares, chaves inglesas e coisas assim. Não tenho nenhum interesse nessas coisas, mas gostaria de ser o tipo de pessoa que poderia usá-las. Mesmo assim, minha esposa não sabe que estou perdendo meu tempo (apesar de que poderia suspeitar). Até onde ela sabe, eu poderia estar quase escrevendo um parágrafo que, se ela não tivesse interrompido, teria mudado o curso da história da filosofia. Então fico irritado.

Como resultado, eu atraso a verificação da conta do Visa ainda mais do que normalmente faria. A questão não é me lastimar ou provar que não sou uma máquina. A questão, se é que existe uma, é mostrar a ela que interromper seu marido nas (possíveis) dores do pensamento criativo realmente não serve a nenhum propósito.

Isso é realmente muito imaturo da minha parte e não pode ser justificado como um exemplo de procrastinação estruturada produtiva. Não estou adiando a revisão da conta do Visa como uma forma de fazer outra coisa mais importante. Na verdade, minha esposa está me dando uma boa oportunidade para adiar ainda mais o que já estava adiando ao ficar olhando os cupons — decidindo sobre os livros do próximo semestre, talvez.

A ideia de que não verificar a conta do Visa imediatamente vai desencorajar minha esposa a me interromper é bastante absurda. O padrão já existe há uns cinquenta anos.

Meu conselho é: não confunda procrastinação estruturada com fornecer provas a seu marido ou sua esposa de que ele ou ela não o controla. Tentar provar algo a seu cônjuge ao não fazer coisas deveria estar reservado a exigências realmente irracionais. O que, só para registrar, minha esposa nunca faz.

Neil fica especialmente irritado com seus colegas de procrastinação acadêmica. Ele acha que, no caso deles, a causa é provavelmente a arrogância acadêmica, "a crença de que regras comuns não se aplicam aos grandes pensadores, mesmo que desconsiderar essas regras resulte em problemas para outras pessoas". Tenho certeza de que ele está certo que alguns dos seus colegas procrastinadores possuem essa arrogância. No entanto, tenho certeza de que esse não é o diagnóstico correto para o procrastinador estruturado típico. A maioria de nós se sente culpada quando perdemos o prazo. Ficamos bastante chateados quando vemos que nossa procrastinação está prejudicando os outros. Os verdadeiros arrogantes acadêmicos não veem sua procrastinação como procrastinação. Ao contrário, acham que é um ordenamento correto de prioridades que outras pessoas simplesmente não conseguem apreciar: "Eles *realmente* queriam que eu estivesse corrigindo trabalhos esta manhã, quando ao reler *Fundamentação* de Kant posso me inspirar e acrescentar dez páginas às cem mil, mais ou menos, que já publiquei sobre isso?".

Procrastinadores estruturados tendem a ser tipos mais humildes, que se sentem mal por serem inconvenientes a outros. Por exemplo, determinei cuidadosamente até onde posso perder o prazo para informar notas sem atrapalhar meus estudantes. Isso me dá um meio-dia extra. Assumo que esse é o prazo final absoluto, que não pode ser perdido de nenhuma forma, e por isso nunca o perco. Acho que procrastinadores arrogantes e procrastinadores estruturados são subespécies diferentes.

E por que Neil está tão preocupado com a livraria? Se tenho um colega que está preocupado com pedidos atrasados, poderia suspeitar que ele é um pouco bisbilhoteiro, o que poderia me levar à procrastinação anticontrole do tipo que consideramos em relação a cônjuges. Contudo, isso seria imaturo e indigno.

Muito melhor seria confrontar diretamente o (possível) intrometido com alguns bons conselhos filosóficos. Depois que postei o e-mail de Neil no meu site, outro leitor veio com esta resposta:

> Por que as pessoas às vezes não usam a faixa de pedestres? E por que quando dizem que a festa é às 19h, elas só chegam às 20h? E por que a maioria das pessoas dirige acima do limite de velocidade "máximo"? Por que garotas dizem que gostam de caras bonzinhos, mas nunca saem com eles? Por que as pessoas dizem uma coisa e fazem outra? Por que todo mundo não pode seguir as regras comuns?
>
> Vamos nos afastar um pouco. Tudo vai acabar logo. O sol vai explodir.
>
> Jim Stone

10. Pensamentos conclusivos profundos

O homem é um animal racional.
Aristóteles

O homem não é um animal racional,
é um animal que racionaliza.
Robert Heinlein

O homem é um animal racional que sempre
perde seu temperamento quando é chamado a atuar
de acordo com os ditames da razão.
Oscar Wilde

Foi dito que o homem é um animal racional.
Toda a minha vida estive procurando provas que
poderiam sustentar essa afirmação.
Bertrand Russell

Aristóteles pensava que o homem era um animal racional. Certamente temos a capacidade de pensar, raciocinar, deliberar e agir baseados no nosso raciocínio e pensamento. Parece que temos essa capacidade mais desenvolvida do que a maioria dos animais, apesar de que tenho certeza que exageramos a diferença e provavelmente também exageramos as vantagens que isso nos confere como espécie.

Mas, seja o que formos, não somos simplesmente máquinas racionais de tomar decisões. Somos basicamente pacotes de desejos, crenças, motivos e caprichos. A qualquer momento, muitos desejos de vários tipos estão competindo pelo controle dos nossos corpos e processos de pensamento. O Eu diligente quer que meu corpo saia da cama. O Eu que ama conforto quer me virar para o outro lado e me fazer dormir por outros poucos minutos — ou algumas horas, talvez. O Eu racional quer responder ao meu e-mail assim que ele chega. O Eu curioso, no entanto, quer olhar as coisas novas para ver se há algo brilhando ali, procurar oportunidades para perder tempo e adiar o trabalho útil o máximo possível. Parte de mim quer estar saudável e bem; outra parte quer uma bolacha ou um charuto.

A racionalidade é um dom maravilhoso, mas para a maioria de nós não é mais do que uma camada fina no alto do nosso pacote de desejos disparatados, ou talvez seja somente um desejo adicional, comparativamente fraco, que compete com o resto dos outros. Para alguns, o desejo de ser racional se tornou tão forte, um desejo dominante que guia uma grande proporção da ação deles. Sou grato por tais pessoas. Elas realizam muitas coisas; são maravilhosas, apesar de cansativas, para trabalhar; muito do que é bom na minha vida é por causa dos esforços delas. Claro, estou pensando nas que devotam a energia a objetivos beneficentes. Resolução e racionalidade na perseguição do mal não é nenhuma virtude.

Mas a vida de um procrastinador estruturado tem muito a recomendar. O grande economista e filósofo político Friedrich Hayek costumava enfatizar que na vida da sociedade, a organização espontânea é normalmente mais produtiva do que o planejamento central. Ele estava pensando em desenvolvimentos como a linguagem humana e o sistema de mercado. Esses foram os resultados de ação humana, mas não os resultados de algum humano ou comitês de humanos criando de forma deliberada. Como todos os grandes filósofos políticos, Hayek provavelmente levou seus pensamentos longe demais; se não fez isso, seus discípulos provavelmente fizeram. Mas ainda é uma ideia. Algo parecido acontece com os indivíduos. Você pode frequentemente estar errado sobre qual é a melhor forma para passar seu tempo. Gastá-lo sonhando com um programa de rádio absurdo pode, no final, acabar sendo mais valioso do que terminar qualquer artigo, resenha ou memorando — todos condenados a ser ignorados — no qual você poderia estar trabalhando. O procrastinador estruturado pode não ser o indivíduo mais eficiente do mundo, mas ao deixar suas ideias e energias viajarem espontaneamente, ele pode conquistar todo tipo de coisas que teria perdido ao aderir a um regime sem procrastinador. Fique contente consigo mesmo pelo que conseguiu fazer. Use listas de tarefas, alarmes e outras formas de armadilhas no seu ambiente. Crie colaborações que vão impedi-lo de nunca conquistar nada. Acima de tudo, desfrute da vida.

APÊNDICE
Como abandonar o hábito (leia por sua conta e risco)

Um dos meus principais objetivos com este livro foi fazer com que os procrastinadores estruturados se sentissem melhor consigo mesmos — em vez de transformá-los em não procrastinadores. Se eu conhecesse uma forma rápida, fácil e certeira de acabar com a procrastinação, teria dividido com vocês, garanto. Espero que, tendo lido este livro, você se sinta melhor consigo mesmo e perceba que está tentando ser produtivo apesar de procrastinar. Nesse caso, você pode fazer coisas mais importantes com seu tempo e energia do que tentar se livrar desse defeito. Talvez devesse encerrar este livro agora.

Mas, se não estiver satisfeito sendo um procrastinador estruturado e quiser se tornar um não procrastinador, bom para você. Gostaria de ser mais útil. Não li todos os artigos, blogs e livros que foram escritos para ajudar procrastinadores a superar seus maus hábitos, mas já li muitos deles e tenho a intenção de ler outros mais. Alguns ajudaram — mas não muito. Aqui estão algumas indicações, para se aprofundar ou se afastar.

ARTIGOS

O mundo está cheio de artigos que são direcionados a assustar as pessoas para que não sejam procrastinadoras. Um exemplo é o de Hara Marano, editora da revista *Psychology Today*. Seu subtítulo é "Sua procrastinação atrapalha? Dez coisas que você deveria saber".* Você poderia pensar que as dez coisas são conselhos úteis. Mas não. As dez coisas acabam sendo fatos não tão agradáveis sobre você.

* Por Hara Estroff Marano, publicado em 23 de agosto de 2003. Disponível em: <http://www.psychologytoday.com/articles/200308/procrastination-ten-things-know>. Acesso em: 10 abr. 2014.

Tenho certeza de que você já sabe alguns desses fatos que Marano quer dividir — como a questão de que procrastinadores se distraem e não fazem o que deveriam. As coisas novas são as que o farão se sentir pior. Por exemplo, procrastinadores bebem muito por causa de problemas de autocontrole, e a procrastinação pode comprometer seu sistema imunológico. Não é agradável descobrir isso? Meu conselho: evite esse artigo e outros parecidos. Eles vão simplesmente fornecer munição semierudita para descrever várias coisas que você já sabe que estão erradas e levantar medos sobre problemas ainda piores que você pode ter. Ler esse tipo de artigo levará à ansiedade e ao ódio contra si mesmo, mas não vai ajudá-lo a lidar com sua tendência a procrastinar.

LIVROS

Muitas coisas iguais podem ser ditas sobre os livros de autoajuda que lidam com procrastinação. Muitos deles começam tentando motivá-lo a mudar ao descrever, em primeiro lugar, como é horrível ser um procrastinador. Então, eles continuam, às vezes por muitas páginas, fornecendo conselhos e exercícios, além de outras ferramentas. O problema é que ler esses livros, trabalhar com seus exercícios e aceitar seus conselhos é o tipo de coisa que alguém poderia fazer somente se não fosse um procrastinador. O verdadeiro procrastinador pode começar um longo e chato livro cheio de exercícios de autoajuda, mas não vai chegar muito longe e, em vez disso, vai terminar sentindo-se mais terrível do que nunca.

Uma exceção é *The Procrastinator's Digest*, de Timothy Pychyl, que foi um dos especialistas consultados no artigo de Marano. Seu livro começa bem, com o dr. Pychyl nos contando que ele supõe que estamos lendo o livro como uma forma de evitar algo que deveríamos estar fazendo. Isso sugere um conhecimento da sua audiência.

O dr. Pychyl raciocina a partir dessa premissa que o livro deveria ser curto e divertido, assim ele não vai perder seus leitores. Faz um bom trabalho. Os capítulos são breves. Cada um começa com um mantra que você deve falar para si mesmo e escrever num papel e grudar na sua geladeira. Alguns deles são bastante bons:

Sentir-se bem agora tem um custo.

Não vou me sentir melhor se fizer isso amanhã.

É só começar.

Não são todos excelentes. Por exemplo, não acho este muito inspirador:

Minha personalidade fornece risco e resistência contra o fracasso da autorregulamentação.

Se eu pendurasse isso na minha geladeira e minha família visse, acho que eles começariam a me olhar de forma estranha.

Mesmo assim, se você pode se comprometer a deixar a procrastinação para trás, o livro do dr. Pychyl vai ajudá-lo, tenho certeza.

No entanto, você pode preferir uma abordagem mais indireta. Se quiser parar de procrastinar, pode ser porque entende que a procrastinação o deixa infeliz. Talvez você deveria ir diretamente ao projeto de ser feliz e deixar a procrastinação cuidar de si mesma. Se quer saber o que é felicidade, deve ir aos filósofos. Comece com o artigo da Wikipédia chamado "Philosophy of Happiness". Depois vá ao site da Stanford Online Encyclopedia of Philosophy, procure por *happiness* [felicidade] e siga pelos artigos recomendados para ver o que os muitos filósofos disseram. Então leia o trabalho dos próprios filósofos. Quando tiver terminado, provavelmente estará morto, esteja ou não feliz.

Como indiquei no capítulo 8, "Benefícios adicionais", é uma boa ideia se beneficiar de pessoas animadas. No caso da felicidade, muitas pessoas realizaram sua própria busca pela felicidade lendo toda a literatura filosófica e psicológica relevante e informando o que descobriram.

Um livro bem interessante chama-se *Projeto felicidade*, escrito por Gretchen Rubin. Ela registra suas experiências durante o ano em que fez um esforço determinado para encontrar a felicidade, ou pelo menos encontrar mais felicidade do que já possuía. É evidente que Gretchen Rubin não era nenhuma procrastinadora. Ela pertence a uma espécie diferente, que eu chamaria de realizadores entusiasmados. Nós é que podemos nos beneficiar de todo o seu trabalho duro. Junto com a história da sua busca pelo contentamento, seu livro está cheio de informações sobre a psicologia da felicidade, explicado de uma forma bem simples. Tanto Pychyl quanto Rubin têm sites, então se gostar dos seus livros, pode visitá-los e descobrir mais.

SITES E FERRAMENTAS ON-LINE

Muitas faculdades e universidades possuem programas para ajudar procrastinadores. Muito do material está on-line, alguns são bastante úteis e muito mais curtos do que um típico livro de autoajuda. A Universidade da Carolina do Norte possui um muito bom: writingcenter.unc.edu/resources/handouts-demos/writing-the-paper/procrastination.

Ele foca em escrever (evitar trabalhos e coisas assim), mas explora aplicações mais gerais também.

Há muitas outras ferramentas on-line que podem ajudá-lo a se tornar menos procrastinador. O Google Calendar o ajuda a montar lembretes que o cutucam em vários intervalos antes de um prazo ou evento. Tenho certeza de que outros programas de calendário oferecem opções semelhantes. Isso pode ser útil não só para lembrá-lo de algo, mas também para irritá-lo com algo. Você pode marcar um evento no seu calendário para, digamos, dez horas da manhã e chamar de "Pare de perder tempo e vá trabalhar", e depois fazer com que seu calendário o interrompa com *pop-ups* a cada cinco minutos a partir das nove e meia. O Google não sabe que não é um evento real. Como discutimos antes, é difícil reunir a força de vontade para parar a procrastinação depois que ela tomou conta de você. Exige menos força de vontade montar um alarme ou criar uma série de lembretes de e-mail chatos antes da hora que vão interromper o processo e romper o feitiço sobre você.

O Google também oferece uma lista de tarefas, assim como o Yahoo! e o Microsoft Outlook, para citar alguns. Mas há outros mais interessantes disponíveis — procure "*to-do lists*" no Google e explore as muitas opções que surgem. LazyMeter (lazymeter.com) é muito bom. Você pode montá-lo como se fosse sua home page — dessa forma ele vai aparecer bem na sua cara, sem qualquer necessidade de atos voluntários e vulneráveis à procrastinação da sua parte. Além do mais, fornece estatísticas confortáveis sobre tudo que você realizou. Não mantém as tarefas completadas visíveis com uma grossa linha vermelha riscando-as, como eu preferiria, nem toca uma trombeta forte quando você completa algo, mas é impossível ter tudo.

Há, claro, um grande perigo ao se procurar

materiais para ajudá-lo a deixar de procrastinar. Você pode perder muito tempo surfando de um site para o outro, sem fazer as coisas que deveria estar fazendo. Talvez seja bom tentar simplesmente se aceitar como um procrastinador estruturado por algum tempo antes de se afundar numa busca pela ferramenta perfeita para ajudá-lo a abandonar o hábito completamente.

TIPOGRAFIA Adriane por Marconi Lima

DIAGRAMAÇÃO Verba Editorial

PAPEL Pólen Bold

IMPRESSÃO Gráfica Bartira, fevereiro de 2016